BEI GRIN MACHT SICH IHR WISSEN BEZAHLT

- Wir veröffentlichen Ihre Hausarbeit, Bachelor- und Masterarbeit

- Ihr eigenes eBook und Buch - weltweit in allen wichtigen Shops

- Verdienen Sie an jedem Verkauf

Jetzt bei www.GRIN.com hochladen und kostenlos publizieren

Bibliografische Information der Deutschen Nationalbibliothek:

Die Deutsche Bibliothek verzeichnet diese Publikation in der Deutschen Nationalbibliografie; detaillierte bibliografische Daten sind im Internet über http://dnb.d-nb.de/ abrufbar.

Dieses Werk sowie alle darin enthaltenen einzelnen Beiträge und Abbildungen sind urheberrechtlich geschützt. Jede Verwertung, die nicht ausdrücklich vom Urheberrechtsschutz zugelassen ist, bedarf der vorherigen Zustimmung des Verlages. Das gilt insbesondere für Vervielfältigungen, Bearbeitungen, Übersetzungen, Mikroverfilmungen, Auswertungen durch Datenbanken und für die Einspeicherung und Verarbeitung in elektronische Systeme. Alle Rechte, auch die des auszugsweisen Nachdrucks, der fotomechanischen Wiedergabe (einschließlich Mikrokopie) sowie der Auswertung durch Datenbanken oder ähnliche Einrichtungen, vorbehalten.

Impressum:

Copyright © 2018 GRIN Verlag
Druck und Bindung: Books on Demand GmbH, Norderstedt Germany
ISBN: 9783668755048

Dieses Buch bei GRIN:

https://www.grin.com/document/433603

Lukas Hübner

Gesundheitsorientiertes Ausdauertraining in der Trainingslehre

GRIN Verlag

GRIN - Your knowledge has value

Der GRIN Verlag publiziert seit 1998 wissenschaftliche Arbeiten von Studenten, Hochschullehrern und anderen Akademikern als eBook und gedrucktes Buch. Die Verlagswebsite www.grin.com ist die ideale Plattform zur Veröffentlichung von Hausarbeiten, Abschlussarbeiten, wissenschaftlichen Aufsätzen, Dissertationen und Fachbüchern.

Besuchen Sie uns im Internet:

http://www.grin.com/

http://www.facebook.com/grincom

http://www.twitter.com/grin_com

Deutsche Hochschule für
Prävention und Gesundheitsmanagement
Hermann Neuberger Sportschule 3
66123 Saarbrücken

Einsendeaufgabe

Fachmodul:	Trainingslehre II
Studiengang:	Sportökonomie
Datum Präsenzphase:	08.01.-10.01.2018
Name, Vorname:	Hübner, Lukas
Studienort:	**Hamburg**
Semester:	**3. Semester**

Inhaltsverzeichnis

1	**DIAGNOSE**	**3**
1.1	Allgemeine und biometrische Daten	3
1.2	Leistungsdiagnostik/Ausdauertestung	4
1.3	Gesundheits- und Leistungsstatus der Person	5
2	**ZIELSETZUNG/PROGNOSE**	**5**
3	**TRAININGSPLANUNG MESOZYKLUS**	**7**
3.1	Grobplanung Mesozyklus	7
3.2	Detailplanung Mesozyklus	8
3.3	Begründung zum Mesozyklus	9
4	**LITERATURRECHERCHE**	**10**
5	**LITERATURVERZEICHNIS**	**14**
6	**TABELLENVERZEICHNIS**	**15**

1 Diagnose

Einleitend, zum Beginn der Trainingssteuerung, müssen zuerst verschiedene Parameter festgestellt werden. Mit Hilfe einer ausführlichen Anamnese kann man im weiteren Verlauf auf die eventuellen Einschränkungen, die vom Kunden geäußerten Motive usw. in eine ideale Zielsetzung, sowie anschließende Trainingsplanung übergehen.

1.1 Allgemeine und biometrische Daten

Untenstehend, tabellarisch aufgelistet, sieht man die ausführliche Auswertung der Diagnose eines Kunden.

Tab. 1: Allgemeine und biometrische Daten des Kunden (eigene Darstellung)

Allgemeine Daten	Alter:	25 Jahre
	Geschlecht:	Männlich
	Berufliche Tätigkeit:	Student
Biometrische Daten	Körpergröße:	1,78 m
	Körpergewicht:	88 kg
	Body-Mass-Index (BMI):	27,77
	Körperfettanteil:	29,7 %
Sportliche Aktivitäten	- bisher keine Ausdauersportlichen Aktivitäten	
	- 4 mal pro Woche etwa 5 Minuten Fußweg zur Uni	
	- spielt gelegentlich Darts und Schach	
Zeitlicher Verfügungsrahmen	- 3 bis 4 mal pro Woche	
	- maximal 90 Minuten pro Einheit	
Geäußerter Kundenwunsch	- gesteigerte Belastbarkeit im Alltag durch höhere Ausdauer	
	- senken des Blutdrucks	
	- senken des Ruhepulses	
Sonstiges	- keine Einnahme von Medikamenten	
	- keine orthopädischen oder internistischen Probleme	
	- keine aktuelle oder zurückliegende ärztliche Behandlung	
	- keine gesundheitlichen Einschränkungen	
Ruheblutdruck: 127/84 mmHg	Normal: 120/80 - 129/84 mmHg (Eifler, 2016, S.274)	
	Bewertung: Ruheblutdruck des Kunden im normalen Bereich	
Ruhepuls: 77 Schläge/Min.	Norm: 60-80 Schläge/Min. bei Erwachsenen (Eifler, 2016, S.178)	
	Bewertung: Ruhepuls des Kunden ist unbedenklich	

Einschätzung hinsichtlich der Belastbarkeit des Kunden	Anhand des festgestellten Blutdrucks, des Ruhepulses und der weiteren Parameter ist der Kunde in vollem Umfang belastbar. Es liegt lediglich, laut BMI, ein leichtes Übergewicht vor (World Health Organization, 2000)

1.2 Leistungsdiagnostik/Ausdauertestung

Die Leistungsdiagnostik ist im Ausdauersportbereich sehr nützlich. Sie bietet dem Trainierenden beispielsweise die Möglichkeit des Vergleichs der Referenzwerte nach einem erneuten Test, oder dem Trainer die Möglichkeit, die Trainingsintensitäten für eine erfolgreiche Trainingsplanung abstimmen zu können.

Nachfolgend wird das gewählte Testverfahren für den am Anfang vorgestellten Kunden näher erläutert.

Als Methode zur Ausdauertestung liegt ein Stufentest mit submaximaler Belastung auf der Basis von Hollmann und Venrath vor. Dieser ist unter anderem für normal belastbare Männer geeignet und somit ideal für den Testkunden. Weiter ist zu erwähnen, dass der Bewegungsablauf sehr simpel ist und somit auch für Beginner gut geeignet ist.

Der genaue Test wird folgendermaßen ablaufen: Nachdem der Kunde sich auf das Gerät begeben hat, wird auf dem Fahrradergometer eine Eingangsbelastung von 30 Watt eingestellt. Diese wird dann alle drei Minuten um 40 Watt erhöht. Während des gesamten Tests soll der Proband stets eine Trittfrequenz von 60-80 Umdrehungen pro Minute halten (Eifler & Kettenis, 2017, S.74). Dieses Verfahren wird so lang fortgeführt, bis der Kunde die festgelegte Pulsobergrenze von 145 Schlägen pro Minute erreicht. Diese Obergrenze wird auf dem Fahrradergometer von der Weltgesundheitsorganisation mit der Formel 180 - Lebensalter definiert (Rost, 2002, S.57). Zur besseren Vergleichbarkeit wird am Ende eines jeden Drei-Minuten-Intervalls der Puls des Kunden ermittelt und dokumentiert.

Sobald die Testperson nicht mehr in der Lage ist, die angebrochene Stufendauer zu vollenden, wird die in der Stufe gefahrene Zeit anteilig mit in die Wertung aufgenommen. Weiter kann es zu einem Ende des Testes kommen, wenn der junge Mann aufgrund eines Abbruchkriteriums, wie beispielsweise Schwindel, Schmerzen in der Brust oder subjektiven Unwohlseins den Test nicht beenden kann, oder er die Trittfrequenz nicht mehr halten kann.

Folgende Tabelle zeigt die Auswertung des Tests meines Kunden auf.

Tab. 2: Leistungsdiagnostik am Fahrradergometer (eigene Darstellung)

Zeit		Watt	Herzfrequenz	Bemerkung
1-3	Minuten	30	97 S/min	Stufe absolviert
4-6	Minuten	70	108 S/min	Stufe absolviert
7-9	Minuten	110	119 S/min	Stufe absolviert
10-12	Minuten	150	133 S/min	Stufe absolviert
13-15	Minuten	190	145 S/min	90 Sekunden in der 190 Watt-Stufe gefahren

Anschließend an die Durchführung des Tests ist eine Bewertung der momentanen Ausdauer möglich. Da der Wert der letzten Stufe zeitinterpoliert zu begutachten ist, ergibt sich somit eine geleistete Wattzahl von 170. Setzt man nun diesen Wert in Relation zum Körpergewicht der Testperson entspricht es einer Leistung von 1,93 Watt pro Kilogramm Körpergewicht.

Wenn man nun eine Einteilung des Leistungsstandes nach dem Institut für Prävention und Nachsorge vornimmt, ergibt es eine Bewertung, die knapp unterhalb des Durchschnitts liegt (IPN, 2004, S.8).

1.3 Gesundheits- und Leistungsstatus der Person

Nach einem erfolgreich beendeten Ausdauertest ist es möglich, eine Beurteilung hinsichtlich der Belastbarkeit sowie der Trainierbarkeit des Kunden vorzunehmen. Da keinerlei körperlichen Einschränkungen vorliegen und auch keine medikamentöse Behandlung des Kunden vorliegt, ist es möglich ihn in vollem Umfang zu trainieren. Lediglich das leicht unter dem Durchschnitt liegende Ausdauertestergebnis, sowie die Tatsache, dass der Proband bisher keinen Ausdauersport betrieben hat zeigt, dass es von Nöten ist, mit einem moderaten Training zu beginnen.

2 Zielsetzung/Prognose

Um dem Kunden einen Anreiz zu bieten, sich regelmäßig sportlich zu betätigen und ihm ein Erfolgserlebnis zu bieten ist es wichtig, realistische Ziele festzulegen. Nachstehend sind drei, auf die Person zugeschnittene Ziele genau formuliert.

Ziel 1: Der Kunde möchte eine verbesserte Ausdauer.

    Inhalt: Verbesserung der maximalen Wattzahl am Fahrradergometer
    Ausmaß: Steigerung der maximalen Wattleistung um 10-20 %
    Zeit: 12 Wochen

Begründung: Würde man die Leistungssteigerung auf ein Kraftausdauertraining projezieren, so wäre laut Eifler (2016a, S.43) eine Steigerung der Kraft bei Anfängern von etwa 20 Prozent in dieser Zeit realistisch. Da der vorgestellte Kunde noch sehr unbedarft ist, was das Ausdauertraining betrifft, ist hier eine ähnliche Kraftsteigerung zu erwarten. Durch die wiederholten Abläufe wird darüber hinaus die intermuskuläre Koordination geschult, was ebenfalls eine Optimierung der Muskelarbeit mit sich trägt.

Ziel 2: Der Kunde möchte seinen Ruhepuls senken.

    Inhalt: Senkung des Ruhepulses
    Ausmaß: Senkung um 4-6 Schläge pro Minute
    Zeit: 12 Wochen

Begründung: Ein positiver Effekt von regelmäßigem Ausdauertraining ist eine Anpassung des Herzmuskels. Hier betrachtet Eifler (2016a, S.43) eine Minderbelastung des Herzens von etwa einem halben Schlag in der Minute pro Woche als realistische Anpassung. Auf die gesetzte Zeit, in der das Ziel erreicht werden soll, macht es somit eine Einsparung von rund sechs Schlägen im optimalen Fall. Da der Kunde aufgrund seiner Ausdauerleistungsfähigkeit noch nicht in vollem Ausmaß trainierbar ist, wird das Ziel realistisch auf eine Senkung von mindestens vier Schlägen pro Minute definiert.

Ziel 3: Der Kunde möchte Abnehmen.

    Inhalt: Minderung des Körperfettanteils
    Ausmaß: Verlust von 5-7 % Körperfett
    Zeit: 12 Wochen

Begründung: Zur Minderung des Körperfettanteils ist es von Nöten eine negative Energiebilanz zu schaffen. Eine, bis heute in der Ernährungswissenschaft anerkannte Formel, zur annähernden Berechnung des Grundumsatzes liefert die Harris-Benedict-Formel. Laut Ihrer Definition hat der zu Beginn vorgestellte Kunde einen annähernden, täglichen Grundumsatz von 1992,1 Kilokalorien pro Tag (Harris & Benedict, 1918, S.370-373). Wenn der Sportler nun zusätzlich Kalorien durch die körperliche Aktivität beim Ausdauertraining verbrennt, wird es leichter eine negative Energiebilanz zu schaffen, was ihm bei dem Ziel der Körperfettreduktion hilft (Eifler, 2016, S.237-243).

Nach Eifler (2016a, S.42) ist eine Reduktion des Körperfettanteils um 250-500 Gramm pro Woche realistisch, was das Ziel von etwa 4-6 Kilogramm bekräftigt.

3 Trainingsplanung Mesozyklus

Der Mesozyklus ist ein Abschnitt der Trainingsplanung und beschreibt im Ausdauersport einen Zeitraum von etwa zwei bis sechs Wochen (Tomasits & Haber, 2016, S.113). Die Dauer eines Zyklus ist immer abhängig vom Trainingszustand der Sportler sowie dem angestrebten, spezifischen Trainingsziel.

3.1 Grobplanung Mesozyklus

Nachstehend ist die Grobplanung eines Mesozyklus zu sehen, welcher sich über einen Zeitraum von sechs Wochen erstreckt.

Tab. 3: Grobplanung des Mesozyklus (eigene Darstellung)

Mesozyklus	
Dauer:	6 Wochen
Trainingsziel:	- Entwicklung der Grundlagenausdauer 1 - Körperfettreduktion - Erreichen einer effizienteren Herzarbeit
Gesamtdauer Trainingseinheiten/Woche:	45-110 Minuten
Trainingsmethode:	- Extensive Dauermethode - Variable Dauermethode
Belastungsintensität: (in % der Hf_{max})	- Extensive Dauermethode: 65-75% - Variable Dauermethode: 60-75%
Einheiten pro Woche:	2-3
Trainingsdauer pro Einheit:	- Extensive Dauermethode: 20-50min - Variable Dauermethode: 30min
Trainingsgeräte:	Fahrradergometer

3.2 Detailplanung Mesozyklus

Die untenstehende Tabelle zeigt die Detailplanung des Mesozyklus, welcher sich über einen Zeitraum von sechs Wochen erstreckt.

Tab. 4: Detailplanung Mesozyklus (eigene Darstellung)

	Woche 1			Woche 2		
	Montag	-	Freitag	Montag	-	Freitag
Ziel	GA 1	-	GA 1	GA 1	-	GA 1
Methode	Extensive Dauermethode	-	Extensive Dauermethode	Extensive Dauermethode	-	Extensive Dauermethode
Intensität (in %)	65	-	65	65	-	65
Intensität (in S/min)	114 +/- 4 Schläge	-	114 +/- 4 Schläge	114 +/- 4 Schläge	-	114 +/- 4 Schläge
Dauer (in min.)	20	-	25	25	-	30
Gerät/e	Fahrrad	-	Fahrrad	Fahrrad	-	Fahrrad
	Woche 3			Woche 4		
	Montag	Mittwoch	Freitag	Montag	-	Freitag
Ziel	GA 1	-	GA 1	GA 1	-	GA 1
Methode	Extensive Dauermethode	-	Extensive Dauermethode	Extensive Dauermethode	-	Extensive Dauermethode
Intensität (in %)	70	-	70	70	-	75
Intensität (in S/min)	122 +/- 4 Schläge	-	122 +/- 4 Schläge	122 +/- 4 Schläge	-	131 +/- 4 Schläge
Dauer (in min.)	30	-	35	35	-	40
Gerät/e	Fahrrad	-	Fahrrad	Fahrrad	-	Fahrrad
	Woche 5			Woche 6		
	Montag	Mittwoch	Freitag	Montag	-	Freitag
Ziel	GA 1	GA 1	GA 1	GA 1	-	GA 1
Methode	Extensive Dauermethode	Variable Dauermethode 3:3	Extensive Dauermethode	Extensive Dauermethode	-	Extensive Dauermethode
Intensität (in %)	70	60-75	70	70	-	65
Intensität (in S/min)	122 +/- 4 Schläge	105-131	122 +/- 4 Schläge	122 +/- 4 Schläge	-	114 +/- 4 Schläge
Dauer (in min.)	40	30	40	45	-	50
Gerät/e	Fahrrad	Fahrrad	Fahrrad	Fahrrad	-	Fahrrad

3.3 Begründung zum Mesozyklus

- Begründung zum angestrebten wöchentlichen Belastungsumfang:
In der fünften Trainingswoche nähert sich der Kunde dem festgelegten Ziel von mindestens drei Ausdauereinheiten pro Woche. Die, in den weiteren Mesozyklen angestrebte Zahl von mindestens drei Einheiten pro Woche mit jeweils etwa 30-45 Minuten gilt für den Freizeit- und Gesundheitssport als fördernd (Güllich & Krüger, 2013, S.186).

- Begründung zu den ausgewählten Trainingsmethoden:
Es wurde sich überwiegend für die extensive Dauermethode entschieden, da hier im Vergleich zu anderen Methoden die Herzfrequenz niedriger gehalten wird. Der Sportler bewegt sich mit dieser Methode bei einer Herzfrequenz von etwa 60 bis 75 Prozent des Maximums. Somit ist sie eher für Beginner im Gesundheits- und Freizeitsport geeignet, als beispielsweise eine intensive Dauermethode (Gimbel, Malzfeldt, Badenhop & Breitbach, 2014, S.195). In einer Einheit wird zur variablen Dauermethode gewechselt, um den Kunden langsam auf weitere Ausdauertrainingsmethoden vorzubereiten.

- Begründung zur Belastungsprogression:
Die Belastungsprogression in der extensiven Dauermethode sind nach Hottenrott und Neumann (2008, S.111) genau definiert. Der Bereich der Intensität sollte bei dieser Art des Trainings zwischen 60 und 80 Prozent der maximalen Herzfrequenz liegen. Da der Kunde jedoch bisher nahezu keine Erfahrung im Ausdauertraining hat, ist es sinnvoll, den Probanden langsam an die neuen und teils hohen Belastungen zu gewöhnen und vorerst bei einer maximalen Pulsgrenze von etwa 75 Prozent im Training zu starten.

- Begründung zu den angesteuerten Trainingsbereichen:
Es streckt sich der Bereich der Grundlagenausdauer 1 über den gesamten Mesozyklus. Grund hierfür ist, dass der Kunde bisher keine Erfahrungen im Ausdauersport hat sammeln können. Der Beginn der Trainingssteuerung ist als ein Fundament zu schaffen und einen gewissen Grad an Ausdauer aufzubauen.

- Begründung der ausgewählten Ausdauergeräte bzw. Bewegungsformen:
Da der Kunde bisher noch keine Erfahrungen im Bereich Ausdauersport hat sammeln können, ist es ratsam, mit simplen Bewegungsabläufen zu beginnen. Das Fahrradergometer bietet das einfachste Bewegungsmuster und ist somit prädestiniert für die vorgestellte Person. Im weiteren Verlauf der Trainingsplanung sind nach und nach weitere Ausdauergeräte einzubeziehen, um noch mehr Muskulatur im Training zu aktivieren und den Kalorienverbrauch noch weiter zu steigern.

4 Literaturrecherche

Die nachstehenden Tabellen befassen sich mit den Effekten des Ausdauertrainings bei arterieller Hypertonie. Folgend werden zwei Studien aufgeführt, welche sich mit den Effekten auseinandersetzen. Die untenstehende Auswertung basiert auf den Ergebnissen einer Dissertation von Frau Anna Lena Birkenbach (2011).

Tab. 5: Effekte des Ausdauertrainings bei arterieller Hypertonie – Studie 1

Wer hat die Studie Durchgeführt?	Birkenbach, Anna Lena
In welchem Jahr wurde die Studie publiziert?	2011

Mit welchen Versuchspersonen wurde die Studie durchgeführt?	Für die Fragestellung relevante Anzahl Personen: 13
	Weiblich: 4
	Männlich: 9
	
	Allgemeine Daten:
	- Durchschnittliches Alter: 54,7 +/-10,4 Jahre
	- Durchschnittliche Größe: 175,3 +/- 8,3 cm
	- Durchschnittliches Gewicht: 87,3 +/- 14,7 kg
	
	Kriterium zur Teilnahme an der Studie:
	- diagnostizierte arterielle Hypertonie Stufe 1
	   Druck in der Systole: 140-159 mmHg
	   Druck in der Diastole: 90-99 mmHg
	
	Ausschlusskriterien der Probanden:
	- medikamentöse Einstellung des Blutdrucks in den letzten zwölf Wochen vor Beginn der Studie
	- regelmäßige sportliche Aktivität in den letzten drei Monaten
	- diagnostizierte sekundäre Hypertonie
	- koronare Herzkrankheiten
	- Herzinsuffizienz
	- Herzvitien
	- höhergradige Erregungsbildungs- und/oder Erregungsleitungsstörungen am Herzen
	- Herzinfarkt in den letzten drei Monaten vor Beginn des Trainings
	(Birkenbach, 2011, S.22-23)

Wie sah der Versuchsaufbau der Studie aus?	**Vor Studienbeginn:**
	- Einteilung der insgesamt 55 Probanden in vier Gruppen (Krafttrainings-, Ausdauertrainings-, Kraft- und Ausdauertrainings-, sowie Kontrollgrupppe)
	- 24 stündige Blutdruckmessung der Probanden
	- Durchführen eines Pre-Tests
	- Gefäßelastizität der Probanden ermitteln
	- HRV-Analysen
	
	Aufbau:
	- Dauer: 12 Wochen, 3 Einheiten pro Woche
	- Trainingsgerät: Fahrradergometer
	- Intensität: 50% der $Hf_{reserve}$
	- Wöchentliche Steigerung der Intensität um 5%
	- Trainingszeit
	    Woche 1-4: 20 Minuten
	    Woche 5-8: 25 Minuten
	    Woche 9-12: 30 Minuten
	
	Nach Studienabschluss:
	- erneute 24 stündige Blutdruckmessung aller Probanden
	- Durchführen eines Post-Tests um eine Leistungsveränderung feststellen zu können
	(Birkenbach, 2011, S.24-26)

Welche relevanten Ergebnisse und Schlussfolgerungen liefert die Studie?	- verbesserte VO2max.
	- keine signifikante Veränderung der HRV-Messung
	- Senkung des Langzeitblutdrucks bei einer 24h Messung
	    Senkung des systolischen Drucks um: 3,3 mmHg
	    Senkung des diastolischen Drucks um: 3,1 mmHg
	- Senkung des Blutdrucks nach der Intervention:
	    Senkung des systolischen Drucks um: 4,5 mmHg
	    Senkung des diastolischen Drucks um: 4,0 mmHg
	- Senkung des Blutdrucks in der Nacht (22:00 Uhr-06:00 Uhr)
	    Keine Senkung des systolischen Drucks
	    Senkung des diastolischen Drucks um: 0,2 mmHg
	(Birkenbacher, 2011, S.35-52
	
	Fazit der Studie: Es wurde in diesem Falle belegt, dass Ausdauertraining einen positiven Effekt auf eine arterielle Hypertonie hat. Bei allen Probanden hatte die sportliche Aktivität eine blutdrucksenkende Wirkung, was Krankheiten wie einem Herzinfarkt oder einem Schlaganfall vorbeugt.

Die nachfolgende Tabelle basiert auf den Ergebnissen einer Dissertation von Frau Andrea Solera Herrera (2011). Die Auswertung ihrer Arbeit in Bezug auf die Effekte des Ausdauertrainings bei arterieller Hypertonie werden folgend aufgezeigt.

Tab. 6: Effekte des Ausdauertrainings bei arterieller Hypertonie – Studie 2

Wer hat die Studie Durchgeführt?	Herrera, Andrea Solera
In welchem Jahr wurde die Studie publiziert?	2011
Mit welchen Versuchspersonen wurde die Studie durchgeführt?	Für die Fragestellung relevante Anzahl Personen: 18 Weiblich: 4 Männlich: 14 Altersdurchschnitt: 54,4 +/- 11,4 Jahre Kriterien zur Teilnahme an der Studie: - diagnostizierte arterielle Hypertonie Stufe 1 Ausschlusskriterien der Probanden: - medikamentöse Einstellung des Blutdrucks in den letzten zwölf Wochen vor Beginn der Studie - regelmäßige sportliche Aktivität in den letzten drei Monaten - Herzinsuffizienz - symptomatische periphere arterielle Verschlusskrankheit - Aorteninsuffizienz 3. Grades - Stenose Grad 1 - hypertrophe obstruktive Kardiomyopathie - Herzrhythmusstörungen mit hämodynamischer Relevanz und Zeichen von akuter Ischämie bei einem Belastungs-Elektrokardiogramm - Vorliegen einer Chronisch obstruktive Lungenerkrankung (Herrera, 2011, S.29-30)

Wie sah der Versuchsaufbau der Studie aus?	Vor Studienbeginn:
	- Einteilung der insgesamt 62 Probanden in vier Gruppen (Krafttrainings-, Ausdauertrainings-, Kraft- und Ausdauertrainings-, sowie Kontrollgrupppe)
	- 24 stündige Blutdruckmessung der Probanden
	- Durchführen eines Pre-Tests
	
	Aufbau:
	- Dauer: 12 Wochen, 3 Einheiten pro Woche
	- Trainingsgerät: Fahrradergometer
	- Intensität: 50% der $Hf_{reserve}$
	- Wöchentliche Steigerung der Intensität um 5%
	- Trainingszeit
	    Woche 1-4: 20 Minuten
	    Woche 5-8: 25 Minuten
	    Woche 9-12: 30 Minuten
	
	Nach Studienabschluss:
	- erneute 24 stündige Blutdruckmessung aller Probanden
	- Durchführen eines Post-Tests um eine Leistungsveränderung feststellen zu können
	(Herrera, 2011, S.35-36)

Welche relevanten Ergebnisse und Schlussfolgerungen liefert die Studie?	- Senkung des Ruhepulses während des EKG um durchschnittlich 5,7 S/min.
	- Senkung des Langzeitblutdrucks bei einer 24h Messung
	    Senkung des systolischen Drucks um: 3,3 mmHg
	    Senkung des diastolischen Drucks um: 3,1 mmHg
	- Senkung des Blutdrucks nach der Intervention:
	    Senkung des systolischen Drucks um: 4,5 mmHg
	    Senkung des diastolischen Drucks um: 4,0 mmHg
	- Senkung des Blutdrucks in der Nacht (22:00 Uhr-06:00 Uhr)
	    Keine Senkung des systolischen Drucks
	    Senkung des diastolischen Drucks um: 0,2 mmHg
	(Herrera, 2011, S.40-44)
	
	Fazit der Studie: Es wurde in diesem Falle belegt, dass Ausdauertraining einen positiven Effekt auf eine arterielle Hypertonie hat. Bei allen Probanden hatte die sportliche Aktivität eine blutdrucksenkende Wirkung, was Krankheiten wie einem Herzinfarkt oder einem Schlaganfall vorbeugt.

5 Literaturverzeichnis

Birkenbach, A. L. (2011). *Auswirkungen von Ausdauer- vs. Krafttraining vs. der Kombination Ausdauer-/Krafttraining auf die systemische Hämodynamik, Gefäßelastizität sowie Herzfrequenzvariabilität bei Patienten mit arterieller Hypertonie.* Dissertation, Deutsche Sporthochschule Köln. Köln.

Eifler, C. (2016a). *Studienbrief Trainingslehre I – Gesundheitsorientiertes Krafttraining* (Rev. 15.018.000). Saarbrücken: Deutsche Hochschule für Prävention und Gesundheitsmanagement.

Eifler, C. (2016). *Studienbrief Medizinische Grundlagen* (Rev. 15.016.000). Saarbrücken: Deutsche Hochschule für Prävention und Gesundheitsmanagement.

Eifler, C. & Kettenis, L. (2017). *Studienbrief Trainingslehre II – Gesundheitsorientiertes Ausdauertraining* (Rev. 18.025.000). Saarbrücken: Deutsche Hochschule für Prävention und Gesundheitsmanagement.

Gimbel, B., Malzfeldt, E., Badenhop, M. & Breitbach, C. (2014). Körpermanagement. Handbuch für Trainer und Experten in der betrieblichen Gesundheitsförderung. Berlin Heidelberg: Springer.

Güllich, A. & Krüger, M. (2013). *Sport. Das Lehrbuch für das Sportstudium.* Berlin Heidelberg: Springer.

Harris, J. A. & Benedict, F. G. (1918). A Biometric Study of Human Basal Metabolism. *Proceeding of the National Academy of Sciences of the United States of America*, (12), 370-373.

Herrera, A. S. (2011). *Acute and chronic effect of aerobic and resistance exercises on ambulatory blood pressure in hypertensive patients.* Dissertation, Deutsche Sporthochschule Köln. Köln.

Hottenrott, K. & Neumann, G. (2008). *Methodik des Ausdauertrainings.* Schorndorf: Hofmann-Verlag.

IPN. (2004). *IPN-Test® - Ausdauertest für den Fitness- und Gesundheitssport.* Köln: IPN.

Neumann, G., Pfützner, A. & Berbalk, A. (2007). *Optimiertes Ausdauertraining* (5., überarb. Aufl.). Aachen: Meyer & Meyer.

Rost, R. (Hrsg.). (2002). *Lehrbuch der Sportmedizin.* Köln: Deutscher Ärzte-Verlag.

Tomasits, J. & Haber, P. (2016). *Leistungsphysiologie. Lehrbuch für Sport- und Physiotherapeuten und Trainer* (5. Aufl.). Berlin: Springer.

Trunz, E. (2001). *IPN-Test® - Ausdauertest für den Fitness- und Gesundheitssport*. Köln, Institut für Prävention und Nachsorge. Köln.

World Health Organization. (2000). *Obesity: Preventing and Managing the Global Epidemic – Report of a WHO Consultation:* The Stationery Office Books (Agencies).

6 Tabellenverzeichnis

Tab. 1: Allgemeine und biometrische Daten des Kunden (eigene Darstellung) 3
Tab. 2: Leistungsdiagnostik am Fahrradergometer (eigene Darstellung) 5
Tab. 3: Grobplanung des Mesozyklus (eigene Darstellung) 7
Tab. 4: Detailplanung Mesozyklus (eigene Darstellung) 8
Tab. 5: Effekte des Ausdauertrainings bei arterieller Hypertonie – Studie 1 10
Tab. 6: Effekte des Ausdauertrainings bei arterieller Hypertonie – Studie 2 12

BEI GRIN MACHT SICH IHR WISSEN BEZAHLT

- Wir veröffentlichen Ihre Hausarbeit, Bachelor- und Masterarbeit

- Ihr eigenes eBook und Buch - weltweit in allen wichtigen Shops

- Verdienen Sie an jedem Verkauf

Jetzt bei www.GRIN.com hochladen und kostenlos publizieren